세상에
단 하나뿐인
지도

초등사회 주제학습 01 그림지도

세상에 단 하나뿐인 지도

개정 1판 1쇄 발행일 2007년 12월 10일 개정 1판 19쇄 발행일 2025년 12월 1일
글쓴이 김재일 그린이 강소희 펴낸곳 (주)도서출판 북멘토 펴낸이 김태완
부대표 이은아 편집 김경란, 조정우 디자인 안상준 마케팅 강보람 경영기획 이재희
출판등록 제6-800호(2006. 6. 13.)
주소 03990 서울시 마포구 월드컵북로 6길 69(연남동 567-11) IK빌딩 3층
전화 02-332-4885 팩스 02-6021-4885

- bookmentorbooks.co.kr
- bookmentorbooks@hanmail.net
- bookmentorbooks__
- blog.naver.com/bookmentorbook

ⓒ 김재일, 강소희 2006

※ 잘못된 책은 바꾸어 드립니다.
※ 이 책은 저작권법에 따라 보호를 받는 저작물이므로 무단 전재와 무단 복제를 금합니다.
※ 이 책의 전부 또는 일부를 쓰려면 반드시 저작권자와 출판사의 허락을 받아야 합니다.
※ 책값은 뒤표지에 있습니다.

인증 유형 공급자 적합성 확인 **제조국명** 대한민국 **사용연령** 8세 이상
KC마크는 이 제품이 공통안전기준에 적합하였음을 의미합니다.
종이에 베이거나 책 모서리에 다치지 않도록 주의하세요.

초등사회 주제학습 01 그림지도

세상에 단 하나뿐인 지도

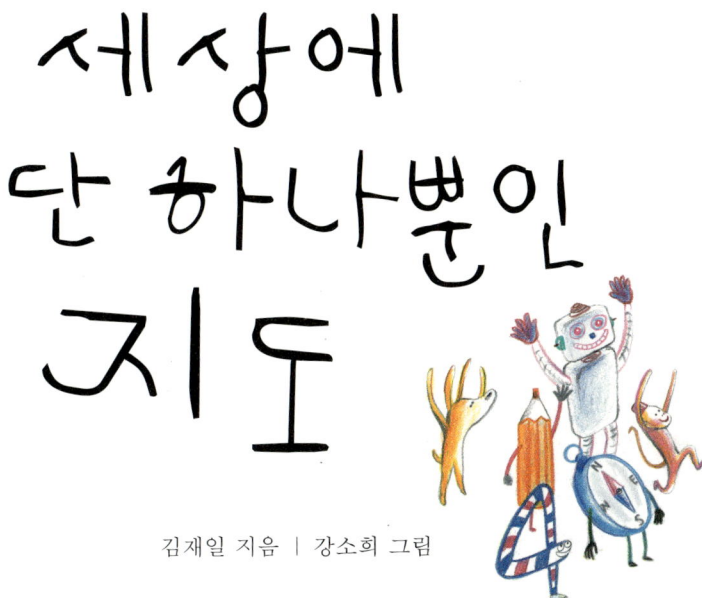

김재일 지음 | 강소희 그림

북멘토

위의 사진은 그림일까요, 지도일까요?

그림이라고 하기에는 너무 지도 같고, 지도라고 하기에는 너무 그림 같지요?

다시 한 번 가만히 들여다보세요. 바다 한가운데 떠 있는 섬을 그린 '그림' 같지 않나요? 그러나 더 자세히 보면, 공중에서 섬을 바라본 것처럼 우리들이 사는 집, 나무, 배 타는 곳, 산과 해변 등이 오밀조밀 그려져 있는 하나의 '지도'라는 것을 알게 될 거예요. 위의 사진처럼 사람이 직접 그린 지도를 '그림지도'라고 하지요.

　위의 그림도 그림지도예요. 저 멀리 유럽에 있는 이탈리아를 그림지도로 표현한 것이죠. 꼭 장화나 부츠처럼 생겼죠?
　그렇다면 우리 동네는 어떤 모양일까요? 우선 눈을 감고 내가 살고 있는 동네를 머릿속에 떠올려 보세요. 친구들과 장난치며 구석구석 누벼 온 동네지만 막상 우리 동네가 어떤 모양인지, 또 우리 동네에 어떤 것들이 있는지 생각해 보면 잘 떠오르지 않을 거예요.
　이럴 때 내가 살고 있는 동네를 제대로 알 수 있게 하는 방법이 있어요. 바로 위와 같이 그림지도를 그려 보는 거예요!

그렇다면 그림지도는 어떻게 그려야 할까요? 그림지도가 어떤 것인지, 또 그리려면 무엇부터 해야 하는지 잘 생각나지 않을 거예요. 우선 왼쪽과 오른쪽의 지도부터 자세히 들여다보세요.

두 지도에서 비슷한 점과 다른 점을 찾아보기로 해요.

먼저 비슷한 점부터 찾아볼까요? 맞아요. 두 지도가 모양이 비슷합니다. 이번에는 두 지도의 다른 점을 찾아볼까요? 왼쪽에 있는 지도는 삐뚤빼뚤 사람이 그린 것 같다고요? 그래요. 왼쪽 지도는 사람이 직접 손으로 그린 아주 특별한 지도랍니다.

그리고 왼쪽의 지도는 제주도의 특징이 그림으로 잘 표현되어 있어요. 물놀이를 생각나게 하는 해수욕장 그림, 공항을 나타내는 비행기, 폭포와 관광지 그림이 무척 즐겁고 정다운 느낌을 주어요. 아마 세상의 어느 누구도 이 지도를 그린 사람과 똑같이 그릴 수는 없을 거예요. 그래서 세상에 오직 하나뿐인 지도인 것이죠.

반면 오른쪽의 지도는 어느 지도책에서나 쉽게 볼 수 있고, 우리가 이미 알고 있는 일반 지도입니다. 우리 동네 구석구석을 조사해서, 왼쪽의 그림지도처럼 세상에 오직 하나밖에 없는 지도로 표현한다고 생각해 보세요. 멋지죠? 그럼 이제부터, 나만의 그림지도를 그리기 위한 방법을 차근차근 알아보도록 해요.

| 차 | 례 |

오늘은 신기한 마술을 보여 드릴게요. 많이많이 기대해 주세요.
우선 마술을 걸 상대를 만나야죠.

1. 그림지도! 너는 누구냐?

아, 그림지도가 나왔네요.
그림지도에 대해 잘 알아야 더 재미있는 마술을 할 수 있겠죠?
그렇다면 그림지도란 뭘까요? 같이 알아봐요.

2. 그림지도의 친구들을 소개합니다

멋진 그림지도로 변신시키기 위한 도우미들을 모았어요.
방위, 기호, 색깔이 바로 그 도우미들이죠. 이 세 도우미들이 어떤 능력을 발휘해
멋진 변신 마술을 부리는지 궁금하지 않으세요?

3.  세상에 하나뿐인 그림지도를 그려요

어라, 우리 동네가 진짜 자그마한 종이 안에 들어왔어요.
여러분도 할 수 있어요. 다같이 방위, 기호, 색깔의 도움을 받아 우리 동네를 줄여보는 거예요. 축소 마술 걸기, 준비됐나요?

그림지도와 한판 놀아보자

이번에는 그림지도가 여러분에게 마술을 걸고 싶대요.
아리송한 그림지도 퀴즈를 제대로 풀면 아마 그림지도의 마술에서 풀려날 수 있을 거예요.

그림지도를 그리기 전에 먼저 '일반 지도'와 '그림지도'가 어떻게 다른지 알아보는 것이 좋겠어요. 우선 일반 지도에 대해 알아볼까요?

저는 일반 지도입니다. 보통 줄여서 지도라고 하죠.
정체가 뭐냐고요?
음……, 저는 일종의 그림이에요. 어떤 그림이냐고요? 저는 땅을 나타내는 그림이에요.
제가 이렇게 말하면, 거짓말을 한다며 믿지 않는 사람들이 있어요. 그 넓은 땅을 어떻게 한 장에 그릴 수 있냐며, 거짓말쟁이라고 놀리죠.
하지만 놀라지 마세요. 나에게는 정말로 그런 재주가 있어요. 넓은 우리나라도 작은 종이 한 장에 그릴 자신이 있거든요.

저만의 비법을 좀더 자세히 말씀 드릴까요?

사실, 저에게는 많은 도우미 친구들이 있답니다. 이 친구들의 도움을 받아 땅을 작게 그릴 수도 있고, 또 크게 그릴 수도 있는 거예요. 산이나 강, 바다 등을 그릴 때 이용하는 '기호', '글자', '색깔', '방위' 등이 바로 내 도우미 친구들이에요.

저와 도우미 친구들은 각자의 신기한 능력을 모아 멋진 그림을 그린답니다. 우리들이 만든 작품을 한번 보시겠어요?

나는 사진!

난 일반 지도!

와! 지도가 정말 넓은 지역을 간단하고도 정확하게 줄여 놓았네요. 이렇게 땅 위에 있는 것들을 한눈에 알아볼 수 있게 그려 놓아 실생활에 편리하게 이용할 수 있게 한 것이 일반 지도랍니다.

그럼 그림지도는 어떤 것일까요? 그림지도를 불러서 한번 들어 봐요.

여러분, 앞에 나온 제 친구 '지도'의 이야기를 듣고 깜짝 놀라셨나요? 그런데요, 그런 능력쯤이야 저에게도 있답니다.

제게도 '기호', '글자', '색깔', '방위' 등과 같은 도우미 친구들이 있거든요. 비록 지도처럼 땅의 모습을 아주 자세하게 나타내지는 못하지만, 지도가 그린 그림보다는 훨씬 재미있고 간단해서 사람들이 보기에 더 쉽고 간편해요. 어떻게 간단한지 궁금하시죠? 저는 땅 위에 있는 것들 중에서 중요한 것만 그려요. 그래서 사람들이 한눈에 알아 보기가 쉬운 거죠.

지도가 넓은 지역을 자세히 표현했다면 그림지도인 저는 간단하게 표현했다는 것이 차이점이죠. 저의 표현력도 한번 보시겠어요?

내가 그림지도!

이제 실제 지역 사진과 일반 지도, 또 그림지도를 비교해 보세요. 그 차이점을 분명히 알 수 있을 거예요.

앞에서 같은 지역을 나타낸 일반 지도와 그림지도를 비교해 볼 때 일반 지도가 실제 지역을 자세히 표현했다면, 그림지도는 자기가 느끼는 공간을 자신만의 느낌으로 표현했다는 것을 알 수 있습니다. 그래서 거리나 방향 등이 사실과 좀 다를 수도 있죠.

이번에는 기호를 통해 그림지도와 일반 지도의 차이점을 알아보기로 해요. 아래 그림 중 사진을 볼까요? 하회마을을 돌아가는 강과 둥그런 강 사이에 있는 집, 논과 밭, 길 등이 잘 보입니다.

이제는 맨 아래에 있는 일반 지도를 보세요. 논이나 밭은 표시되어 있지 않지만, 낙동강과 마을, 길 등이 보입니다. ■로 보이는 것이 집들이 모여 있는 마을을 뜻해요.

일반 지도에 비해, 그림지도는 집을 나타내는 기호가 실제 집의 특징을 잘 나타내 금방 알아볼 수 있습니다. 논이나 밭, 길도 그렇지요. 그림지도의 기호는 사물의 특징을 잡아 간단하고 친숙한 그림 부호를 정한 것으로, 알아보기가 훨씬 쉽답니다.
　이번에는 색깔을 관찰해 볼까요?

　위 사진은 부산항입니다. 산과 바다와 도시가 보이네요. 일반 지도도 색깔로 그 지역의 특징을 짐작할 수 있죠. 하지만 실제 환경과 가장 비슷한 색을 쓸 수 있고, 자연을 선명하게 색으로 구분할 수 있는 것은 그림지도예요. 이를 통해 색깔도 그림지도를 표현하는 중요한 요소라는 것을 알 수 있어요.

그림지도의 친구들을 소개합니다

앞에서 그림지도는 자기를 도와주는 도우미 친구들이 있다고 했었죠? 그림지도를 가만히 들여다보면, 그 도우미 친구들이 보여요. 하지만 처음부터 그 친구들을 구별하기는 쉽지 않죠.

그래서 지금부터는 그림지도의 도우미 친구들을 하나씩 소개할까 해요. 그래야만 여러분도 도우미 친구들과 함께 세상에 오직 하나뿐인 그림지도를 그릴 수 있을 테니까요.

그림지도의 친구들이 누구누구인지, 또 어떤 신기한 능력을 가지고 있는지 차근차근 알아보기로 해요.

그림지도의 첫 번째 친구는 이름이 '방위'예요. 이 친구는 우리에게 방향을 알려 준답니다. 놀러 갈 때나 학교에 갈 때, 우리는 무턱대고 아무 방향으로나 걸어가지는 않아요. 지금 내가 어느 위치에 있는지 생각하고, 내가 있는 위치에서 집이나 학교의 위치를 따져 보게 되죠.

이때 동서남북을 알고 있다면 방향을 정하는 데 많은 도움이 될 거예요. 방향에 대한 이런 생각들을 일컬어 방위라고 해요. 방위를 알면 내가 어느 위치에 있고, 내가 가야 할 방향이 어디인지 쉽게 알 수 있답니다.

　방위에 대해서 좀더 알아보기로 해요.

　우선 방위는 별명꾸러기예요. 별명이 참 많거든요. 4개나 된대요. 궁금하죠? 방위의 별명은 바로 '동서남북'이랍니다. 이제 방위를 부르는 주문을 알려 줄게요.

해가 뜨는 '동'!　　해가 지는 '서'!
아랫마을 '남'!　　윗마을 '북'!

　그럼 방위는 어떻게 생겼을까요? 방위는 참 재미있게 생겼어요. 어때요? 무엇과 닮았나요? 맞아요. 방위는 숫자 4를 닮았어요.

또 방위는 변신도 잘해요. 이번에는 동그랗게 변한 방위의 모습을 보여 줄게요.

방위가 위의 그림처럼 동그랗게 변하면 이름도 같이 변해요. 이렇게 동그란 모양의 방위를 '나침반'이라고 합니다.

그런데 이 나침반도 신기한 능력을 가지고 있어요. 언제 어디서나 항상 북쪽을 가리킬 수 있는 데, 이것이 바로 나침반의 능력이랍니다. 나침반에는 빨간 침과 파란 침이 있어요. 평평한 곳에 나침반을 두면 바늘이 이리저리 움직이다가 어느 순간 멈추지요. 이때 빨간 침이 가리키는 곳이 북쪽이에요. 나침반의 빨간 침은 북쪽 찾기의 도사랍니다. 그런데 방위가 나침반으로 변신하면 주문도 달라져요. 새로운 주문을 알려 줄게요.

오른팔의 '동'! 왼팔의 '서'! 파란 바늘 '남'! 빨간 바늘 '북'!

아까의 주문과 끝 부분이 같다는 것을 알 수 있겠죠? 그래서 주문은 달라졌어도, 별명은 역시 '동서남북'이에요.

그럼 방위는 어떤 일을 할까요? 여러분이 어디로 가고 있는지, 여러분의 집은 어디에 있는지 궁금하다면, 그때 얼른 방위를 찾으세요. 머릿속으로 생각해 보는 거예요. "방위야, 도와줘~." 하고 말이에요. 방위는 훌륭한 길잡이라는 것을 잊지 마세요.

저런, 그림을 보니 민우가 울상이네요. 민우는 지금 햄버거를 사러 나왔는데, 그만 길을 잃어버렸대요.

두리번두리번, 어느 쪽으로 가야 햄버거 가게가 나올까요? 햄버거 가게는 서쪽에 있다고 했는데, 민우는 서쪽이 어디인지 몰라서 계속 길을 헤매고 있어요.

지금 있는 곳에서 어느 방향으로 가야 민우가 햄버거를 먹을 수 있을까요? 이렇게 방향을 모를 때, 도움을 받을 수 있는 친구가 없을까요? 이럴 때 도움을 주는 친구가 바로 방위예요. 이제 머릿속으로 숫자 4모양을 생각하면서 불러 보세요.

"방위야, 도와줘!" 하고 말이에요.

자, 이제 또 다른 친구를 소개할게요. 그림지도의 두 번째 친구는 이름이 '기호'라고 해요.

기호는 땅 위에 있는 것들을 간단한 모양으로 만드는 재미있는 능력을 가졌다고 하네요. 어떤 능력인지 기대되지요? 그럼 지금부터 기호에 대해 알아볼까요?

기호는 그동안 많은 것들을 간단한 모양으로 만들어 왔답니다. 먼저 기호가 능력을 발휘해서 만든 작품들부터 구경해 보는 것이 좋겠어요.

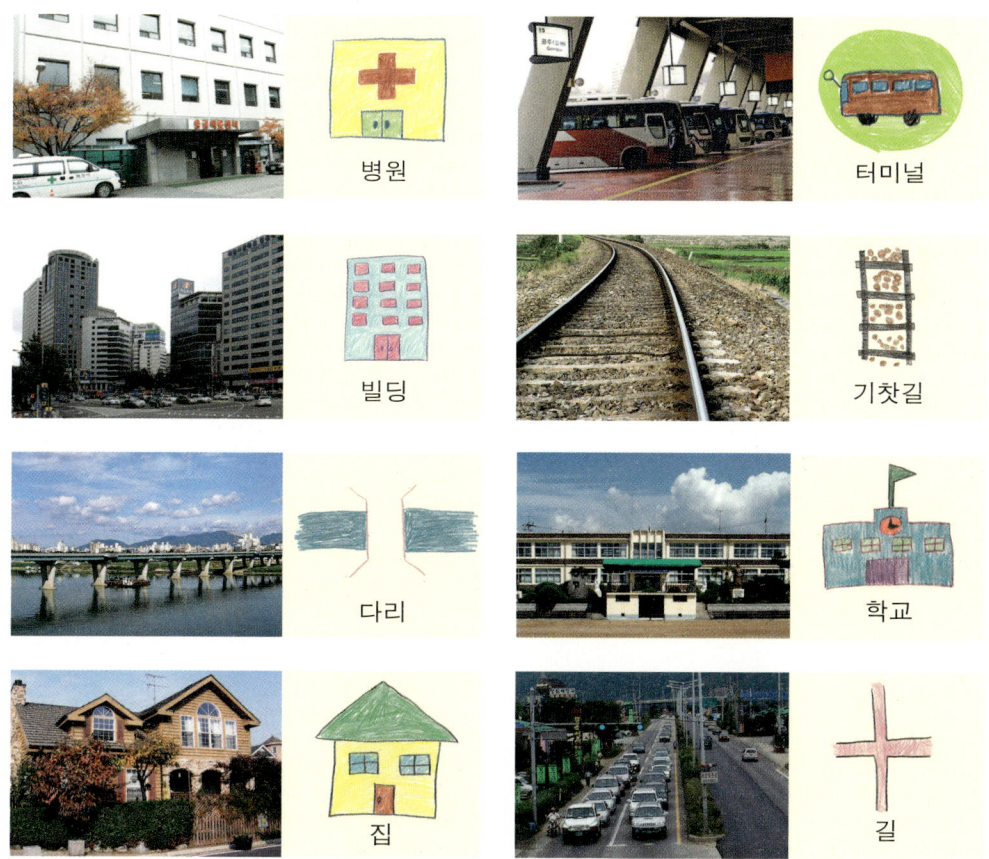

어때요? 정말 대단하죠? 커다란 병원, 학교 등을 간단하면서도 알아보기 쉬운 모양으로 만들었어요. 우리가 기호의 도움을 받아 만든 간단한 모양들을 그림지도에 사용한다면, 한눈에 아주 많은 것들을 알아볼 수 있게 나타낼 수 있을 거예요.

기호가 건물만 간단하게 표시할 수 있는 것은 아니에요. 교통과 관계되는 것들, 즉 도로, 철도, 다리, 터미널 등도 간단한 모양으로 나타낼 수 있거든요. 앞 페이지로 돌아가 다시 한 번 기호의 작품들을 보세요. 정말 간단한 모양이죠?

그림지도에서 기호는 작은 몸에 큰 의미를 품고 있는 깜찍한 친구랍니다.

이번에는 자연 환경을 표현한 기호의 멋진 작품들을 한 번 관찰해 보세요. 아마 기호의 뛰어난 능력에 감탄이 절로 나올걸요?

기호가 아름다운 자연의 모습을 간단한 모양으로 변화시켰어요. 정말 신기하기만 합니다.

과수원

밭

 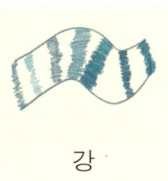
강

산

보세요. 나무가 빽빽히 들어찬 과수원과 우리가 몇 시간을 걸어도 다 둘러볼 수 없는 산을 참 간단하고 알아보기 쉽게 그려 놓았지요? 모두 한눈에 알아볼 수 있을 것 같아요.

    기호는 어느 한 사람만의 친구가 아니에요. 모든 사람들이 기호와 사귈 수 있답니다. 여러분도 기호처럼 땅 위에 있는 것들을 간단한 모양으로 나타낼 수 있어요. 누구나 조금만 연습하면 기호와 친해질 수 있거든요. 이제 기호와 친해지기 위한 연습을 하려고 해요.

    먼저 옆의 사진을 보세요. 무엇인가요?

그래요. 여러분들이 자주 가는 놀이터예요. 그럼 기호와 친구가 되기 위해 이 놀이터부터 간단한 모양으로 만들어 보아요. 이번에는 머릿속으로 "기호야, 도와줘!"라고 외쳐 보세요.

복잡한 놀이터가 간단한 모양으로 변했어요. 기호의 도움으로 커다란 놀이 기구가 조그마한 모양으로 변할 수 있었죠. 하지만 어떤 사물이나 자연 환경에 대한 기호가 꼭 한 가지씩만 있는 것은 아니에요. 기호의 도움을 받더라도 그림지도를 그리는 사람에 따라 조금씩 다르게 표현할 수 있거든요. 그럼 기호가 놀이터를 또 어떻게 변화시켰는지 볼까요?

놀이터의 특징을 잘 나타내면서도 예쁘고 재미있는 모양이 정말 많지요? 이렇게 만들어진 기호들을 그림지도에 넣기만 하면 세상에 단 하나뿐인 지도가 완성되는 거예요. 여러분은 어떤 모양을 넣고 싶나요? 그네? 시소? 어떤 것이든 좋아요!

　참, 그런데요, 우리 주변에는 놀이터말고도 여러 가지 건물들이 많이 있어요. 햄버거 가게, 아이스크림 가게처럼 여러분이 자주 찾는 곳들도 있고, 슈퍼마켓, 옷가게처럼 엄마가 자주 가시는 곳들도 많아요. 이런 곳들을 그림지도에 그대로 그리는 것은 불가능해요. 이런 건물들을 그림지도에 나타내려면 역시 기호의 도움을 받아 간단한 모양으로 만들어야 한답니다.

　기호가 그림지도에 없어서는 안 되는 친구인만큼, 기호의 도움을 받는 연습을 다 같이 한 번만 더 해 봐요. 이번에는 햄버거 가게를 간단한 모양으로 나타내 볼게요. 옆에 있는 사진은 실제 햄버거 가게에서 다혜가 햄버거를 먹고 있는 모습입니다.

어떤 기호로 바꾸어야 친구들이 그림지도를 보고 여기가 햄버거 가게인지 쉽게 알 수 있을까요?

어때요? 기호가 이번에도 멋지게 능력을 발휘했어요. 커다란 햄버거 가게가 조그마한 모양으로 변했어요. 햄버거 가게 기호는 이것 하나뿐일까요? 하나의 물건을 표현하는 기호가 여러 개가 될 수 있다는 것 정도는 이제 모두 알 거예요. 아래에서 햄버거 가게 기호를 또 다른 모양으로 더 만들어 봤어요.

재미있는 모양의 기호들이 많이 있죠? 물론, 이것말고도 여러분의 머릿속에 떠오르는 예쁜 기호들이 많이 있을 거예요. 그 기호들 중에서 마음에 드는 모양을 골라 그림지도에 넣기만 하면, 지도에 햄버거 가게도 나타나게 되는 거죠. 멋지죠?

이렇게 연습을 했으니, 이제 여러분도 기호의 도움을 잘 이용하면 제법 많은 사물들을 간단한 모양으로 만들 수 있을 거예요.

지도 속에 들어갈 것은 놀이터나 햄버거 가게말고도 많이 있어요. 수민이가 만든 아래의 두 가지 예를 참고하면 다른 것들을 기호로 표현하는 데에도 많은 도움이 될 거예요.

장난감 가게

아이스크림 가게

그림지도를 도와주는 친구들 중에서 마지막 친구를 소개할게요. 지금 등장할 친구는 이름도 참 예쁜 '색깔'입니다. 예쁜 이름처럼 색깔은 땅 위의 사물들에게 아름답고 예쁜 옷을 선물하는 고마운 친구랍니다. 얼마나 예쁜 옷을 선물하는지 색깔이 만든 예쁜 옷부터 구경해 볼까요?

색깔은 건물뿐 아니라, 다양한 자연 환경에도 옷을 입혀 주어요. 색깔을 입히면 나타내려고 하는 것이 무엇인지 금방 알 수 있고, 사물을 쉽게 떠올릴 수 있습니다. 예컨대, 산에 초록색을 칠하면 금방 산이라는 것을 알 수 있지만 검정색이나 파랑색을 칠하면 산이라고 얼른 알아보기 어렵지요. 이렇게 색깔은 기호를 좀더 잘 이해하는 데 큰 역할을 합니다.

색깔이 만들어 준 옷을 입고 화사해진 동네를 구경해 볼까요?

그림지도의 친구들을 소개합니다

옷을 입기 전보다 색깔이 선물한 옷을 입은 후의 그림지도가 훨씬 예쁘죠?

색깔의 재주를 살짝 빌려 오면 누구든지 이런 재주를 부릴 수 있어요. 여러분도 색깔처럼 예쁜 옷을 만들 수 있다는 얘기지요. 여러분도 이제 그림지도의 곳곳에 여러분이 만든 예쁜 옷을 입혀 보세요. 이번에도 기호처럼 조금만 연습을 하면 돼요.

다음 사진을 보세요. 어디일까요?

네, 맞아요. 예쁜 물건들이 많이 있는 백화점이에요. 지금부터는 색깔이 백화점에 어울릴 예쁜 옷을 만드는 과정을 지켜보기로 해요.

색깔이 제 모습을 뽐내려면 우선 기호가

있어야 하지요. 그러니까 색깔을 칠할 수 있는 모양부터 만들어 줘야 해요.

　백화점은 주로 사람들이 선물을 사러 가는 곳이라는 데서 힌트를 얻어, 백화점 기호를 자그마한 선물 꾸러미 모양으로 만들어 보았어요. 그 다음은 예쁜 색깔로 옷을 입힐 차례입니다.

　선물 꾸러미들이 입고 있는 옷에는 금색, 검정색, 갈색 리본이 묶여 있습니다. 이 색깔들에는 각각의 느낌이 있어요. 어떤 색이 선물 꾸러미에 제일 잘 어울리나요? 반짝반짝 화려한 금색 리본이 선물 꾸러미의 느낌을 제일 잘 살려 주겠죠?

색깔을 입힐 때에는 나타내고자 하는 기호의 성격을 가장 분명히 할 수 있는 색을 사용해야 합니다. 그래야 그림지도를 보고 단번에 기호의 성격을 알 수 있거든요.

이번에는 누구에게 옷을 입혀 볼까요? 아래 사진은 여러분이 아플 때 찾는 병원이에요. 이 병원에도 여러분이 만든 예쁜 옷을 입힐 수가 있답니다. 그럼 지금부터 색깔의 도움을 받아 병원에 어울리는 옷을 선물해 보아요.

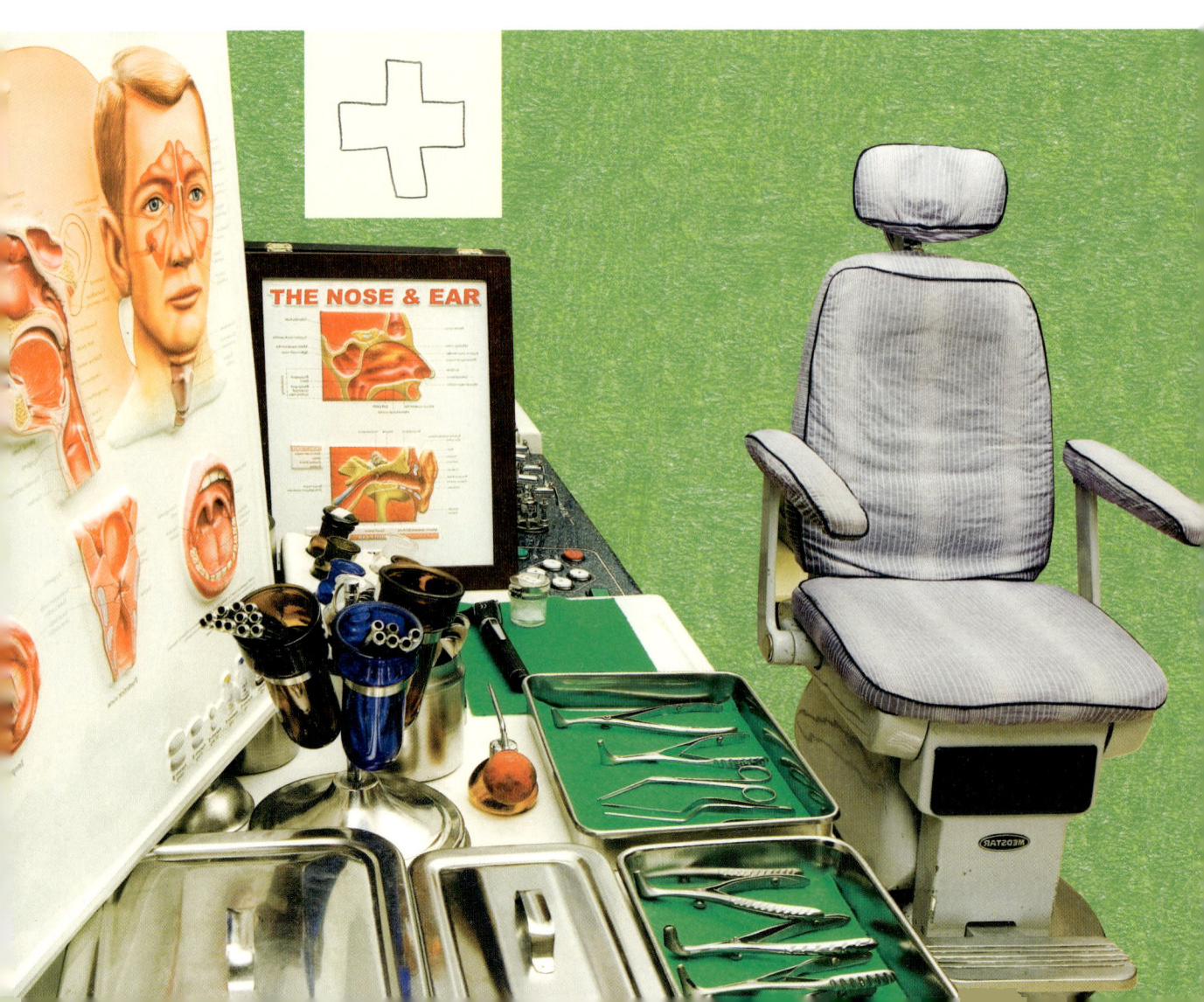

　색깔이 다양한 옷을 준비해 놓았네요. 이제 이 중에서 고르기만 하면 돼요. 하지만 색깔이 예쁘다고 해서 아무것이나 고르면 안 돼요. 그 건물이나 자연 환경의 성격을 확실히 드러낼 수 있는 색으로 골라야 한다는 것을 꼭 기억하세요.

　예를 들어, 푸른 초원을 그릴 때 온통 빨간색을 칠해 놓으면 너무 안 어울리겠죠? 이 점에 유의하면서, 다시 한 번 위의 병원 기호 색깔을 볼까요? 어울리는 색을 찾기 위해 먼저 병원의 성격을 생각해 보는 것이 좋겠어요. 우리는 아프거나 다쳤을 때와 같이 매우 위급한 경우에 병원에 가요. 그러니까 병원은 우리가 찾기 쉬워야 하지요. 그래서 병원은 꼭 눈에 잘 띄는 옷을 입어야 합니다.

　그렇다면 위의 그림 중에서 가장 선명한 색을 고르는 것이 좋겠죠?

　빨간색, 검은색, 살구색 중에서는 아마도 빨간색이 눈에 가장 잘 띌 거예요. 그래서 병원에게는 빨간색 옷을 입혔어요.

병원

색깔을 마지막으로 그림지도 친구들 소개가 끝났어요. 여러분도 이 도우미 친구들과 많이 친해졌나요? 방위, 기호, 색깔, 이 세 친구는 알아보기 쉬운 그림지도를 그리는 데 꼭 필요한 능력을 가진 친구들이죠?

제일 처음 만난 친구 방위는 우리가 어디로 가야 하는지 방향을 알려 준 고마운 친구예요.

기호는 땅 위의 사물들을 간단한 모양으로 만들어 알아보기 쉽게 해 주는 영리한 친구였어요.

색깔은 기호의 성격을 확실히 알려 주고, 눈에 쉽게 띄도록 선명한 옷을 입혀 주는 멋쟁이 친구였고요.

앞으로 여러분이 그림지도를 그릴 때 반드시 불러야 할 친구들이니 머리에는 쏘옥, 마음속에는 꾹 잘 담아 두세요.

세상에 하나뿐인 그림지도를 그려요

그림지도를 그리는 데 꼭 필요한 세 친구를 사귀었으니, 이제 그 친구들이랑 재미있게 어울리는 일만 남았어요. 바로 방위, 기호, 색깔의 도움을 받아 그림지도를 그리는 거예요. 드디어 세상에 오직 하나뿐인 나만의 그림지도를 만드는 거죠!

이제 그림지도의 세 친구와 많이 친해졌으니까, 지금부터 차근차근 그려 보면 세상에 하나뿐인 멋진 그림지도를 그릴 수 있을 거예요.

아무리 든든한 친구 셋이 도와준다고 해도, 처음부터 우리나라를 그리거나, 경기도나 전라도를 그릴 수는 없겠죠? 우선 내가 익숙한 곳부터, 작은 공간부터 차근차근 그림지도를 그려 나가는 것이 좋겠어요.

여러분에게 익숙하면서도 작은 공간으로는 무엇이 있을까요? 아침부터 저녁까지 내가 줄곧 생활하는 우리 집이 이런 조건에 딱

들어맞는 장소인 것 같아요.

우리 집부터 그림지도로 표현해 가다 보면, 더 넓은 장소를 그림지도로 표현하는 능력이 차츰 길러질 거예요.

🏠 우리 집을 그림지도로 그리자

일반적인 집의 모양은 사각형입니다. 이 사각형을 종이에 옮겨 그릴 때, 한 가지 난처한 점이 있어요. 네모난 종이에 우리 집을 그리려면 내 방 있는 쪽이 아래로 가게 그려야 하는지, 아니면 위로 가게 그려야 하는지, 그것도 아니면 옆으로 가게 그려야 하는지 잘 모르겠다는 것이죠. 어떡하죠?

이럴 때에는 우리의 세 친구를 불러 의논하세요.

"방위야, 기호야, 색깔아. 도와줘!"

방위가 가장 먼저 도착했어요. 방위에게 먼저 도움을 받기로 해요. 방위는 어떤 능력을 가지고 있었죠? 그래요. 방위는 우리가 어디로 가야 하는지 방향을 알려 준다고 했어요. 방위의 도움을 받으면, 내 방을 네모난 종이의 어느 곳에 그려야 할지 결정할 수 있답니다.

그럼 방위의 신기한 능력을 한번 배워 볼까요? 다 같이 방위가 능력을 발휘할 수 있게 주문을 크게 외워 주세요.

여러분이 잠자리에서 일어날 때, 해가 떠오르는 쪽이 동쪽이에요. 그럼 해가 지는 쪽은 서쪽이겠죠? 이제 여러분의 오른팔은 동쪽으로, 왼팔은 서쪽으로 펴 보세요. 이런 자세에서 여러분 앞쪽이 바로 북쪽이랍니다. 당연히 반대쪽인 뒤쪽은 남쪽이겠죠? 이제 '동서남북'이 모두 결정되었네요. 역시 우리 친구 방위의 능력은 대단한 것 같아요. 그럼 방위의 도움을 받은 결과를 살펴볼까요?

그림 속의 수민이와 뭉치도 방향을 찾은 모양이에요. 여러분도 이제 내 방을 그림지도 속 어디에 그려 넣어야 할지, 안방은 또 어디에 그려 넣어야 할지 알 수 있게 되었나요?

우리 집을 그림지도로 좀더 정확하게 표현하려면, 우리 집이 어떤 모양을 하고 있나 알아 보아야 해요. 그러려면 먼저 밖으로 나가 우리 집의 겉모양을 살펴보아야지요.

만약 집이 아파트라면 아무리 돌아다니며 사방을 둘러보아도 벽밖에 볼 수 없을 거예요. 주택이라고 해도 모양만 약간씩 다를 뿐 벽만 보이긴 마찬가지죠. 그래도 밖을 관찰하는 것이 전혀 소용없는 일은 아니에요. 안방이 있는 쪽의 벽 길이가 더 길다든지, 약간 들어간 곳이나 튀어나온 부분이 있다든지 하는 정보는 얻을 수 있으니까요.

하지만 우리 집이 어떤 짜임새를 가지고 있는지 알아보는 데에는 밖을 둘러보는 일이 그다지 큰 도움은 되지 않아요. 차라리 가만히 눈을 감고 상상을 해 보세요. 내 팔이 날개가 되었다고, 또 무엇이든지 꿰뚫어 볼 수 있는 안경을 썼다고 상상해 보는 거예요.

그런 다음, 하늘로 날아올라요. 힘차게 날갯짓을 해서 지붕 한가운데 바로 위로 날아오르는 거예요.

자, 이제 무엇이든 꿰뚫어 볼 수 있는 안경으로 아래의 집을 뚫어져라 바라보세요. 어라! 마치 지붕이 없는 것처럼 모든 것이 보여요. 이 신비로운 안경을 통해 우리 집의 짜임새가 한눈에 들어옵니다. 위에서 내려다보니 옆에서 집을 바라볼 때에는 몰랐던 짜임새가 한눈에 보여요.

집의 옆모습을 보면서 집의 테두리 모양을 알게 되었고, 또 하늘로 날아올라 집 내부의 짜임새도 알게 되었으니, 이제 이것을 그림지도로 잘 표현하기만 하면 되겠어요.

방위도 알았고 집의 짜임새도 알았지만, 무엇부터 그려 넣어야 할지 아직 잘 모르겠다고요? 방부터 그려야 하나, 아니면 목욕탕부터 그려야 하나 좀처럼 결정하기가 쉽지 않을 거예요.

이럴 때에는 집 안에서 우리가 다니는 길부터 찾아야 해요. 그래야만 방, 거실, 주방, 베란다 등의 위치를 잡을 수 있을 테니까요. 그럼 길을 먼저 그림지도에 표시해 보기로 해요. 집 안에 있는 길을 그리면 다른 구조들도 표현하기가 훨씬 쉬워집니다.

하늘에서 다시 집 안을 내려다보세요. 엄마랑 아빠 그리고 여러분이 잠을 자는 방들이 보이네요. 길과 함께 방을 적절히 그려 보세요. 모든 방들이 크기가  다 다르니까 크기까지 생각하면서 그려야겠지요?

그런데 방이 이렇게 아무것도 없는 빈 공간인가요? 아니죠? 방 안에는 책상이나 침대, 장롱 같은 다양한 물건들이 있습니다.

하지만 이 물건들을 모두 자세히 그려 넣을 수도 없지요. 그렇다면 이런 어려움을 해결할 수 있는 좋은 방법이 없을까요?

그렇죠! 기호를 부르면 돼요. 기호라면 방에 있는 물건들을 간단한 모양으로 만들어서, 실제 방과 비슷한 느낌으로 만들어 줄 거예요. 그럼 다 같이 불러 봐요.

"기호야, 도와줘!"

와! 기호가 허전했던 네모를 침대가 있는 방으로 만들어 주었네요. 어때요? 모양이 예쁠 뿐 아니라, 방이라는 것을 한눈에 알아볼 수 있게 그려놓았지요?

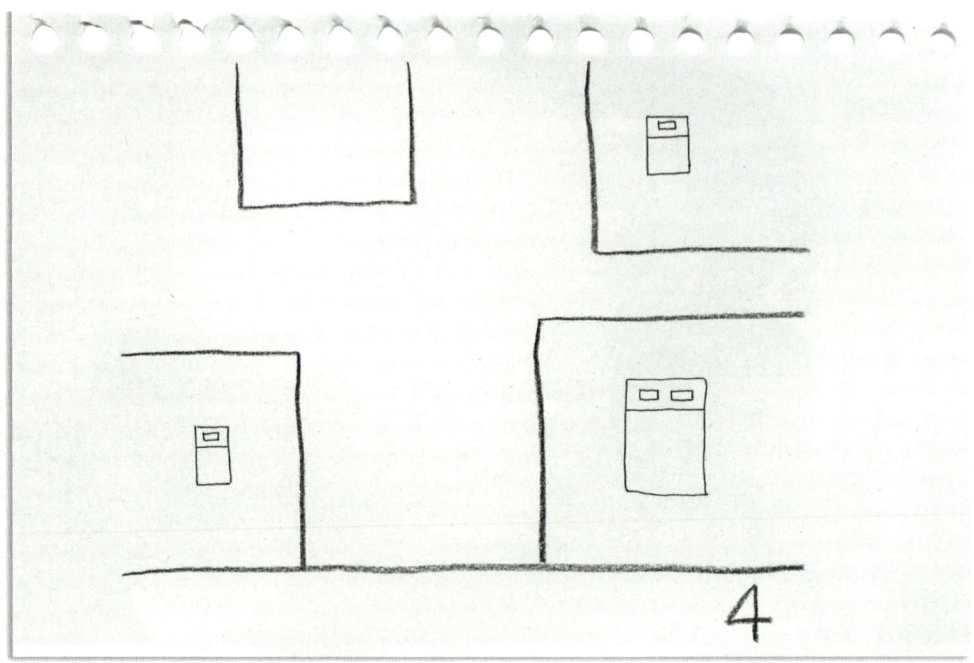

그런데 집에는 방말고도 다른 공간들이 많아요. 이번에는 다른 공간들을 그림지도 속에 그려 보려 해요. 하늘로 다시 날아올라

내려다 보니 여러분이 목욕을 하는 목욕탕, 맛있는 음식을 만들어 먹는 주방, 가족들과 즐거운 시간을 보내는 거실이 보이네요. 또 기호를 불러야겠어요.

"기호야, 도와줘!"

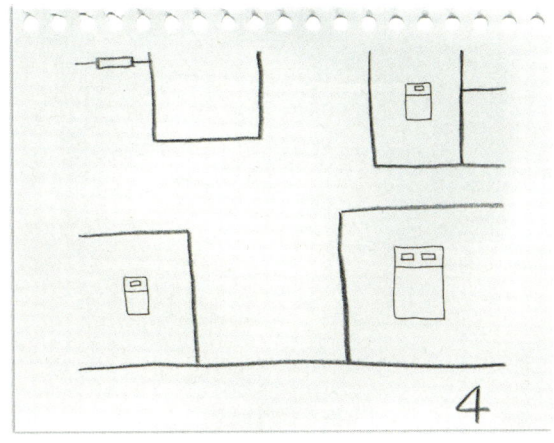

우리의 착한 친구 기호가 등장해 우리 집 안의 모든 공간들을 살펴 보고는 알기 쉽게 표현해 주었어요.

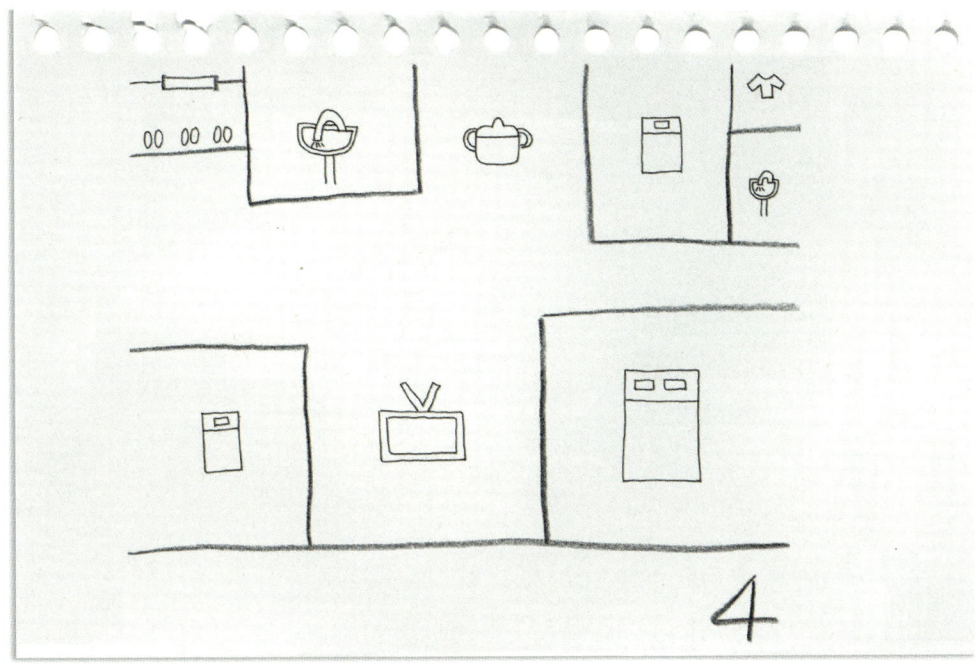

목욕탕과 주방, 거실을 모두 다 말이에요. 모양만 봐도 무엇을 하는 곳인지 쉽게 알 수 있을 것 같아요.

지금까지 우리는 여러분이 살고 있는 집을 하늘에서 내려다보고 그려 보았어요. 위에서 내려다보니 집의 짜임새가 한눈에 보여 그림지도로 표현하기가 훨씬 쉬웠지요. 그런데 아직도 무언가 좀 이상해요.

자꾸 어딘가 허전한 듯한 느낌이 들거든요. 왜 그럴까요? 아하, 그건 그림지도 속의 공간과 기호들이 옷을 입고 있지 않아서일 거예요. 어디 한번 우리 집 구석구석에 예쁜 옷을 입혀 볼까요?

먼저, 옷을 입힐 곳을 정해 보는 것이 좋겠어요.

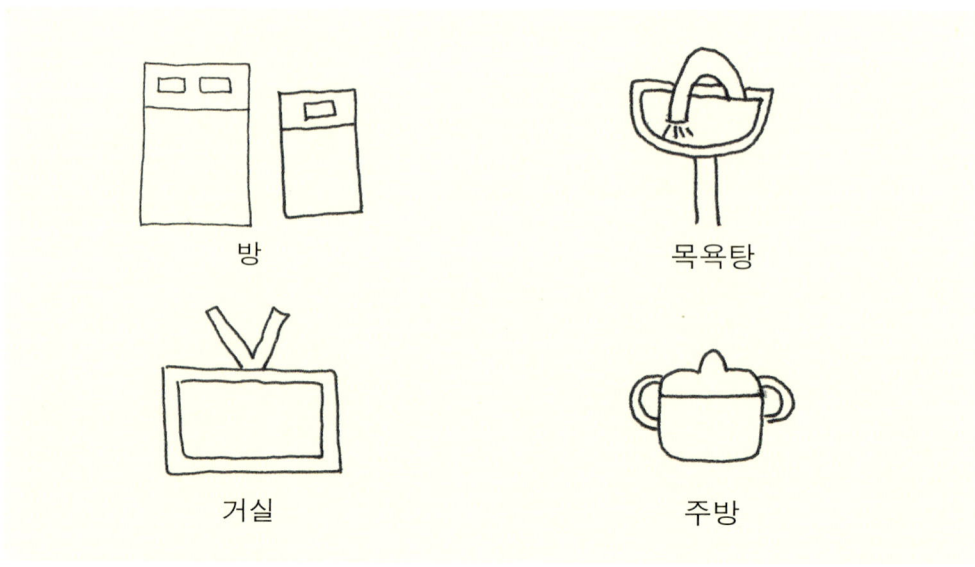

여러분이 옷을 입혀야 할 곳들을 모두 정했어요. 그럼 이제는 예쁜 옷을 만들어야죠. 이번에는 우리 친구들 중에서 누구의 도움을 받는 것이 좋을까요? 맞아요. 예쁜 옷을 만드는 색의 마술사, 바로 색깔이에요.

"색깔아, 도와줘!"

같이 외쳤나요? 우리 친구 색깔이 나타났네요. 그럼 지금부터 색깔과 함께 예쁜 옷을 만들어 볼까요?

여기저기에 색깔이 옷을 입히니, 그림지도가 훨씬 더 예쁘고 아름다워졌어요. 그런데 궁금하지 않나요? 색깔이 안방 기호에는 왜 하필 연두색을 칠했는지, 거실 기호에는 왜 검정색을 칠했는지 말이에요.

그렇다면 다른 사람들도 안방에는 연두색, 거실에는 검정색만을 사용해야 하는 걸까요? 이런 궁금증은 색깔에게 직접 물어보는 것이 좋겠어요. 한번 외쳐 보세요.

"색깔아, 궁금해!"

색깔의 대답을 함께 들어 보아요.

전 여러분의 친구 색깔입니다. 여러분이 그런 점을 궁금해 할 줄은 몰랐네요.

저는 이번 그림지도를 그리면서 제가 색칠할 공간에 대해 여러 가지를 생각한 후 색깔을 결정했어요. 이제부터 제가 왜 그 색깔을 선택하게 되었는지 알려 줄게요.

방에 대해 먼저 이야기할게요. 저는 안방에 연두색 옷을 만들어 주었고, 작은 방에는 분홍색 옷을 만들어 주었어요. 안방 침대 위에는 연두색 이불이 덮여 있어서 연두색을, 작은 방 침대 위에는 분홍색 이불이 덮여 있어서 분홍색을 칠했죠. 연두색을 보면 우리 가족들은 금방 안방의 이불을 떠올릴 테고, 또 곧바로 안방이란 것을 알 수 있잖아요. 작은 방도 마찬가지겠죠?

우리 집 목욕탕은 세면대와 욕조, 타일이 전부 노란색이에요. 게다가 백열 전구가 달려 있어 노란빛이 밖에까지 퍼져 나오죠. 그래서 그 느낌을 표현한 거예요.

주방에는 빨간색 옷을 선물했어요. 몇 달 전 엄마는 낡은 냄비들을 버리시고, 빨간색 냄비를 세트로 사셨어요. 그래서 주방은 냄비 기호를 이용했고, 그 기호에 예쁜 빨간색을 입혀 주었어요.

마지막으로 거실에 대해 설명할게요. 거실은 저녁을 먹고

나서 온 가족이 둘러앉아 텔레비전을 보는 곳이에요. 그래서 텔레비전을 기호로 삼았죠. 그리고 우리 집 텔레비전은 검은색이에요. 이걸 옷 색깔과 연결시킨 거죠. 거실의 검은색 옷은 이렇게 해서 탄생했어요.

 색을 고를 때의 느낌은 누구나 다 달라요. 그러니 저의 도움을 받더라도, 여러분 각자의 느낌을 생각해서 색깔을 정하세요. 저는 안방 기호에 연두색을 썼지만, 다른 사람의 안방은 분홍색이 될 수도 있는 거예요. 또 거실의 색깔은 마루 색깔인 갈색이 될 수도 있다는 거죠. 이제 이해 되셨나요?

아니, 색깔이 아직도 옷을 만들고 있네요. 도대체 무엇을 하고 있는 것일까요? 아! 집 안에서 사람들이 다니는 길, 그리고 방 바닥, 거실 바닥 등에도 옷을 입혀 주려는가 봐요.

이렇게 해서 그림지도가 완성되었어요. 처음에는 방위가 와서 방향을 잡아 주었고, 다음에는 기호가 나타나 집 안 구석구석의 모양을 잡아 주었어요. 마지막으로 색깔이 등장해 집 안의 여러 공간을 좀더 구별하기 쉽게 색을 칠해 주었죠.

이제 우리 집처럼 작은 공간을 그림지도로 표현하는 것 정도는 여러분도 쉽게 할 수 있을 거예요. 그럼 이번에는 우리 집보다 더 크고 넓은 곳을 그림지도로 그려 봐야겠죠?

학교 주변을 그림지도로 그리자

여러분이 살고 있는 집보다 더 크고 더 넓은 곳, 그러면서도 여러분이 자주 다니는 곳은 어디일까요? 아마 여러분이 매일 오가는 학교와 그 주변이 바로 그런 곳이라고 생각해요. 지금부터는 우리 학교 주변의 모습을 그림지도로 그려 보기로 해요.

우리는 우리가 살고 있는 집 안을 그림지도로 그려 본 경험이 있어요. 그때 세 친구의 도움을 받았죠? 가장 먼저 어떤 친구의 도움을 받았는지 그 친구의 이름을 가만히 불러 보세요.

"방위야, 도와줘!"

이번에도 방위와 함께 재미있게 놀다 보면, 동서남북이 어디인지 알게 될 거예요. 그럼 이제 '동서남북' 주문을 외워보세요.

동, 서, 남, 북의 위치를 정확히 잡았나요?

해가 뜨는 동쪽을 종이의 오른쪽으로, 해가 지는 서쪽을 종이의 왼쪽으로 정하면, 위쪽은 북쪽, 아래쪽은 남쪽이 됩니다. 방향이 정해졌으니, 종이 위에 방향을 나타내 보기로 해요. 그런데 종이 한가운데에 무엇을 그려야 하죠? 우리 집을 그릴 수도 없고, 친구 집을 그릴 수도 없고…….

우리가 이번에 그리려는 것이 무엇인지 곰곰이 생각해 보세요. 학교 주변을 그리려고 했지요? 그러니까 이번에는 학교가 주인공이에요. 당연히 주인공인 학교를 한가운데에 그려야죠. 학교가 너무 커서 그릴 수 없다고요? 그럴 때에는 기호의 도움을 받아 학교를 간단히 줄여 주면 돼요. 방위를 잡고 간단하게 줄인 학교 기호를 종이 한가운데에 그리면, 기초적인 그림지도가 완성된 거예요.

　그러나 이런 기초적인 그림지도로는 학교 주변이 어떻게 생겼는지 제대로 알 수 없지요. 왜냐고요? 그림지도가 너무 간단해서 학교 주변의 짜임새를 전혀 짐작할 수 없기 때문이에요. 앞에서 우리 집을 그릴 때, 집의 짜임새를 알기 위해 어떻게 했었는지 기억나요? 그래요. 날개를 달고 신기한 안경을 쓰고 지붕 꼭대기 위로 날아 올라가 집 안을 내려다보았죠.
　높은 곳에서 내려다봐야만 주변 공간의 짜임새가 한눈에 보이는 거예요. 이번에는 우리 집보다 더 크고 넓은 곳을 그림지도로 그려야 하니까 더 높이 날아올라야 해요. 멋진 탐험선을 타고 날아오른다고 상상해 보세요(학교 주변의 높은 건물이나 산 위에 올라가도 좋아요).

하늘 높이 올라간 탐험선에서 아래를 내려다보니, 학교 주변의 모습이 한눈에 다 들어옵니다. 이제는 머릿속에 학교 주변이 어떻게 생겼는지 그 짜임새가 잘 그려질 거예요. 그럼, 이제 그림지도로 표현하는 일만 남았네요.

집 안을 그림지도로 그릴 때에 제일 먼저 사람들이 다니는 길을 그렸던 것처럼, 학교 주변을 그림지도로 그릴 때에도 먼저 길을 그려 주는 것이 좋아요.

자동차가 다니는 큰 길과 사람들이 다니는 길부터 찾아 제 자리에 뚜렷하고, 예쁘게 그려 주세요.

자동차들과 사람들이 다니는 길이 완성되었어요. 꼬불꼬불 동네 골목길도 있고, 차들이 쉴 새 없이 다니는 커다란 도로도 있고, 학교 주변에는 참 많은 길이 나 있네요.

　다시 탐험선에서 아래를 내려다봐요. 학교 주변을 흐르는 강과 기차가 다니는 길이 보이네요. 이번에는 강과 기찻길을 예쁘게 그려 넣으세요. 길과 기찻길, 강만 그렸는데도, 대강의 짜임새가 훨씬 잘 드러난 것 같죠?

　조금씩 조금씩 세상에 오직 하나뿐인 그림지도가 완성되어 가요. 자, 다음에는 무엇을 그려야 할까요?

　우리 집을 그림지도로 나타낼 때, 길을 그린 후 무엇을 했는지 생각해 보세요.

맞아요! 지붕 위 높은 곳에서 집을 내려다보았을 때 먼저 눈에 띄는 곳부터 그리기 시작했죠?

학교 주변의 지도를 그릴 때도 마찬가지예요. 높은 곳에서 내려다보았을 때 눈에 잘 들어오는 것부터 그리면 되는 거죠. 아무래도 사람들이 살고 있는 집들이 모여 있는 곳이나 병원, 은행, 우체국, 대형 마트 같은 커다란 건물이 가장 먼저 눈에 띌 거예요. 이렇게 큰 건물들부터 종이 위에 표현하는 거예요.

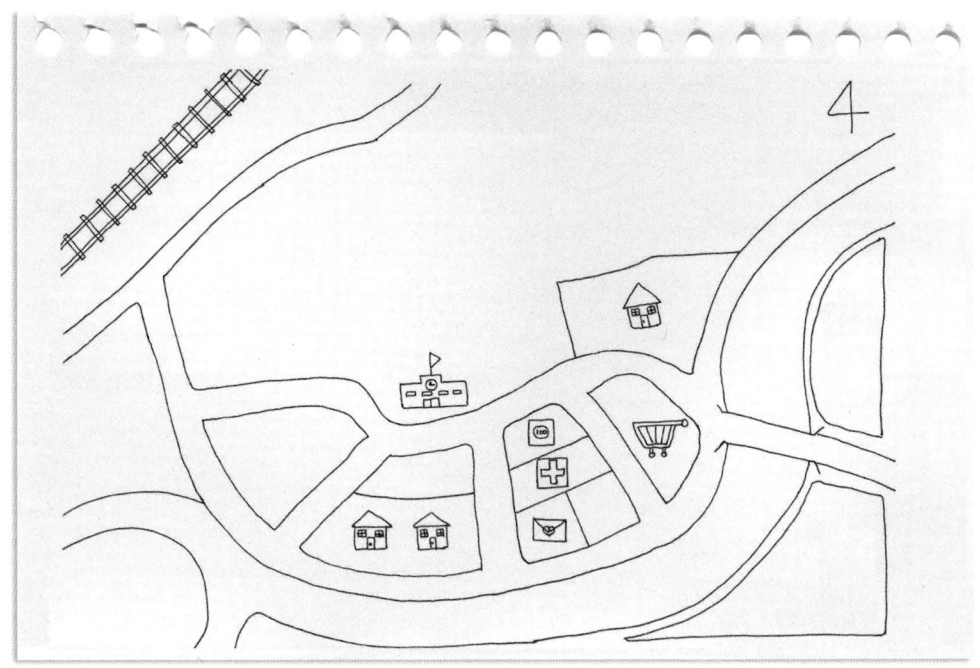

단, 이렇게 큰 것들을 그림지도에 그려 넣을 때는 우리의 친구 기호의 도움을 받아야 한다는 것을 잊지 마세요.

예쁜 모양으로 완성된 집, 병원, 은행, 우체국, 대형 마트 들의 깜찍한 기호를 그림지도 속에 잘 그려 넣었나요?

기호의 도움으로 커다란 건물들을 작은 종이 위에 아주 깜찍하게 그려 넣었군요. 그럼 이번에는 대형 건물보다는 조금 작지만 여러분이 좋아하고 자주 가는 곳들을 그림지도 속에 그려 넣기로 해요.

어떤 곳이 있을까요? 햄버거 가게, PC방, 문방구, 빵집, 아이스크림 가게, 피아노 학원, 치킨 가게, 피자 가게…….

우와, 정말 많은 곳들이 있네요. 이 많은 곳들을 작은 종이 위에 전부 그려 넣어야 해요. 하지만 문제없습니다. 우리의 마술사 친구, 기호가 있으니까요. 그럼 기호의 도움을 받아서 우리가 자주 가는 곳들을 작고 예쁜 모양들로 바꾸어, 그림지도 속에 넣어 볼까요?

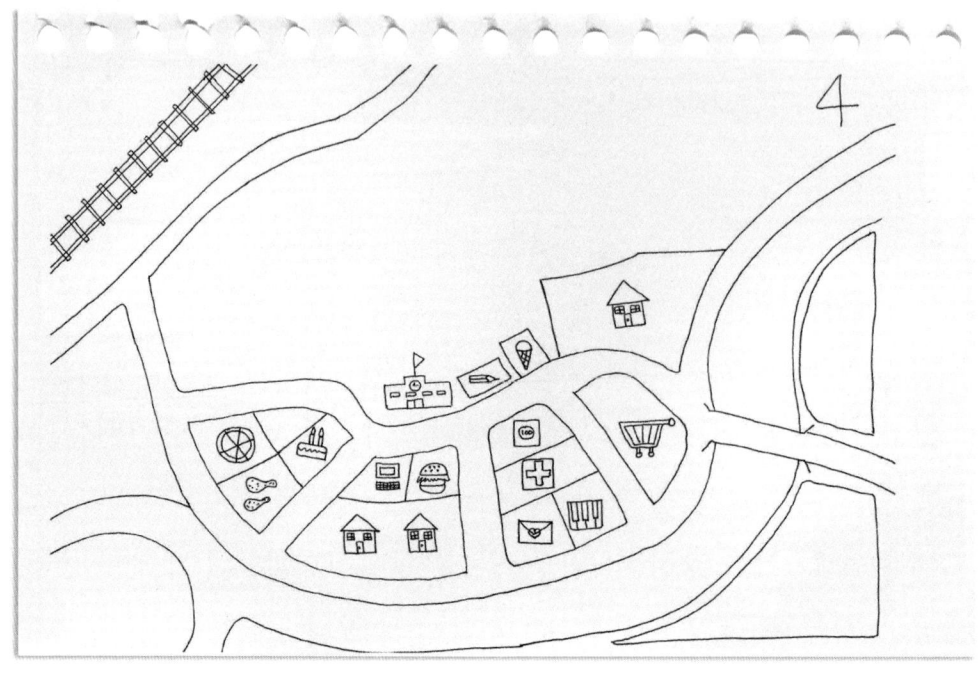

학교 주변에는 정말 많은 곳들이 있었네요. 그런데 학교에서 조금 멀리 떨어진 곳에는, 우리가 자주 가는 곳은 아니지만 좀 색다른 공간들도 있어요.

예를 들어, 학교를 가운데에 놓고 보았을 때, 오른쪽 위에는 공장들이 몰려 있고, 오른쪽 아래의 좀 떨어진 곳에는 아파트들이 모여 있어요. 그림지도에 이런 곳들을 그려 넣지 않는다면, 학교 주변 이외의 공간이 너무나 허전할 거예요.

우리 집보다 훨씬 넓은 곳을 그림지도로 나타낼 때에는 이런 곳들도 다 그려 줘야 좀더 완벽한 그림지도가 될 수 있겠지요? 그려야 할 게 너무 많다고 겁먹지는 마세요. 기호의 도움을 받는다면 커다란 공장과 아파트를 그리는 일이 그리 어렵지는 않을 테니까요. 이제 제법 학교 주변이 각종 건물 기호로 가득 차게 되었죠? 하지만 혹시라도 빠뜨린 곳이 있을지 모르니까 탐험선을 타고 더 높은 곳으로 올라가 확인해 보기로 해요.

더 높은 곳으로 올라가니까 땅 위에 있는 것들이 더 작아 보이네요. 그리고 더 먼 곳까지 훤히 보이고요. 그런데 저 멀리 보이는 것이 뭐죠?

저런! 아름다운 산과 맛있는 과일이 열리는 과수원, 농부 아저씨들이 열심히 일하고 계시는 논과 밭이 빠졌네요. 그럼 이제 그림지도 위에 아름다운 산과 과수원, 논과 밭을 그려 보아요.

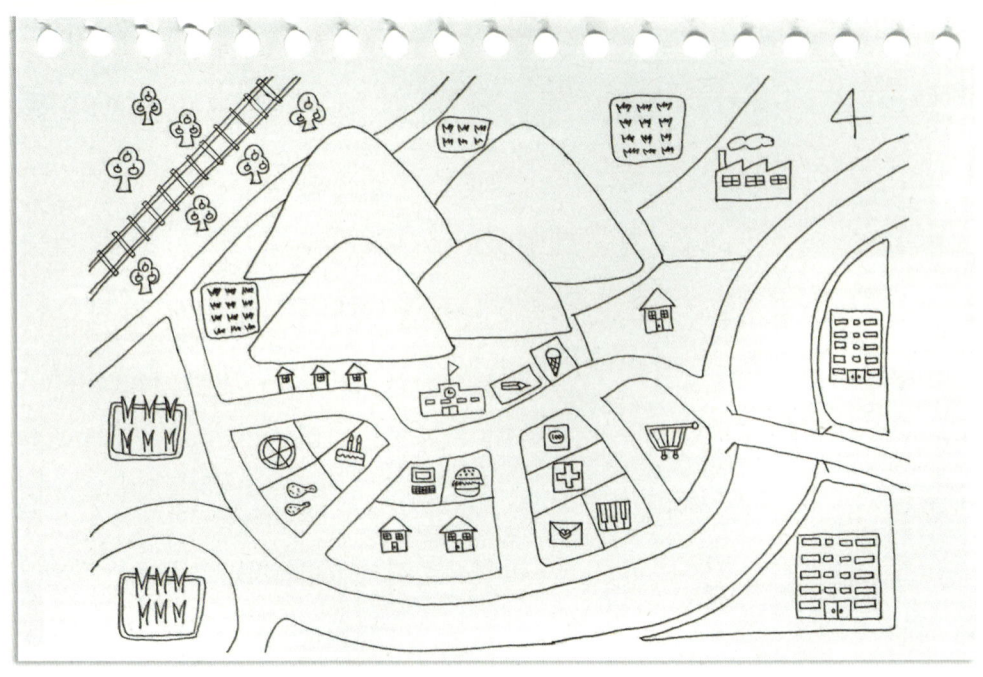

　드디어 학교 주변의 모습이 완성되었어요. 하지만 아직 무언가 허전한 것 같지요? 그래요. 그림지도에 그려진 여러 기호들이 옷을 입고 있지 않아서 왠지 허전해 보일 거예요. 이제부터 여러분이 무얼 해야 할지 알고 있죠?

　예쁜 옷을 잘 만드는 우리의 멋쟁이 친구를 가만히 불러 보기로 해요.

　"색깔아, 도와줘!"

　기호들의 특징을 잘 생각해서 색깔을 정해 주세요. 기호와 공간에 빠짐없이 색깔들을 정했나요? 다 정했으면 이제 그 색을 그림지도에 정성스럽게 칠하면 돼요.

　푸르른 산에는 녹색 옷을 입혔네요. 과일이 주렁주렁 달린 과수원에는 예쁜 빨간 옷을 입혔고요. 이렇게 옷을 입히니까 기호만 있을 때보다 산과 과수원의 성격이 더 잘 나타나는 것 같습니다.

　흐르는 강물에는 파란색 옷을 입혀 주었네요. 기차가 다니는 철길에는 검은색 옷을 입혔고요. 집들에는 초록색 지붕을, 공장에는 굴뚝에서 나오는 연기처럼 회색 옷을 입혀 주었어요.

　피아노 학원, 문방구, 치킨 가게, 빵 가게 들도 서로 자기 옷이 예쁘다며 자랑하고 있네요. 피아노 학원은 하얀색과 검은색을 섞은 건반을 닮은 옷을 입고 있어요. 빵 가게는 무지개처럼 예쁜 옷을 뽐내고 있고요. 치킨 가게는 노릇노릇 구운 치킨 같은 노란색 옷을, 문방구는 주황색 옷을 입고 있네요.

 옷이 너무너무 깜찍하죠? 우리의 친구 색깔과 여러분이 힘을 합쳐 만든 예쁜 옷들을 입고 그림지도가 한껏 뽐내고 있어요. 그럼 예쁜 옷들을 입고 있는 학교 주변 모습을 구경해 볼까요?

 이제 작품 완성입니다! 세상에 오직 하나뿐인 그림지도가 만들어진 거예요. 여러분만 가지고 있는 세상에 단 하나뿐인 그림지도! 마음에 드세요?

 그림지도를 볼 때, 잊지 말아야 할 것이 있습니다. 바로 여러분이 그린 그림지도 속에는 방위, 기호, 색깔이라는 세 친구가 언제나 숨어 있다는 거예요.

🏪 우리 동네는 어떻게 생겼을까?

여러분이 지금까지 그린 그림지도는 학교 주변을 그린 것이에요. 그러니까 여러분이 살고 있는 동네를 모두 표현한 것은 아니죠.

여러분이 살고 있는 OO동, 또는 OO리를 공중에서 촬영한 대로 그린다면 어떤 모양이 될까요? 궁금하지요?

이런 궁금증을 해결해 주는 것이 있습니다. 바로 마법의 컴퓨터지도랍니다. 그럼 지금부터 마법의 컴퓨터지도가 알려 주는 다양한 모양의 동네를 구경해 보기로 해요.

수리수리, 얍!

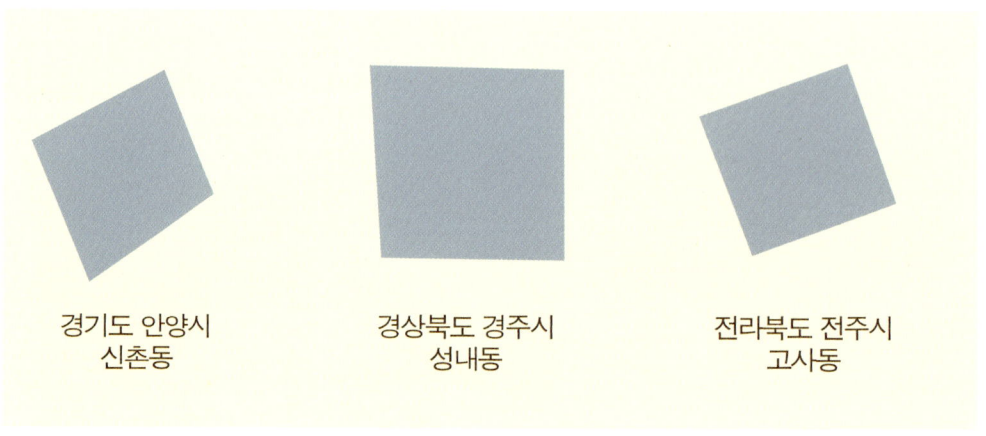

경기도 안양시 경상북도 경주시 전라북도 전주시
신촌동   성내동   고사동

정말 재미있게 생긴 동네들이죠?

컴퓨터지도로 조금 전에 본 동네들은 모두 네모난 모양입니다. 길쭉길쭉한 네모, 짤막짤막한 네모, 작은 네모까지 여러 가지 네모 모양의 동네들이 있네요.

여러분 중에 혹시 이 동네에 살고 있는 친구들이 있나요? 있다면, 앞으로 그 친구들은 네모 동네 친구들이라고 부르기로 해요. 어때요, 재밌죠?

다음은 또 어떤 모양의 동네들이 우리들을 기다리고 있을까요?

수리수리, 얍!

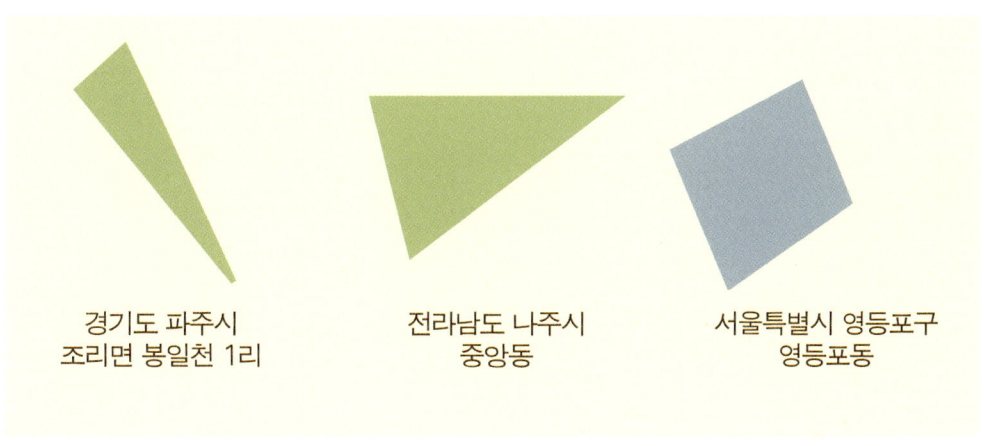

경기도 파주시
조리면 봉일천 1리

전라남도 나주시
중앙동

서울특별시 영등포구
영등포동

이번에는 세모 동네네요.

그런데 세모나 네모보다 더 신기하게 생긴 동네가 있답니다. 어떻게 생긴 동네인지 몹시 궁금하죠? 자, 그럼 수리수리, 얍!

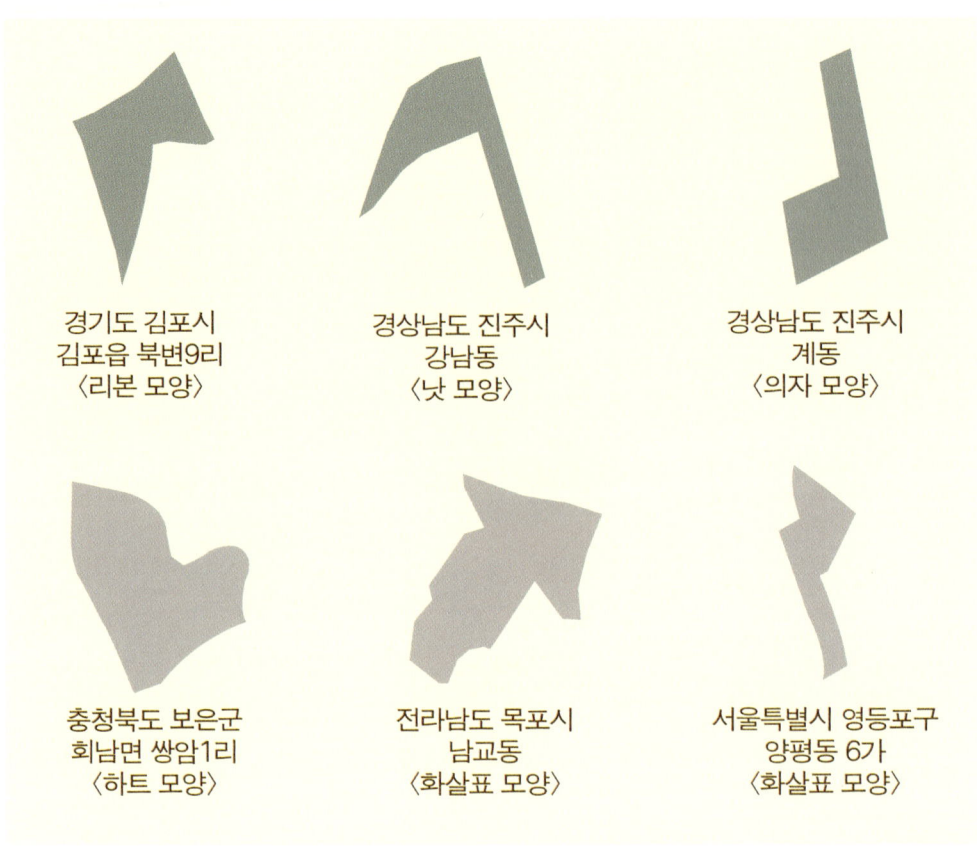

어때요? 정말 재미있게 생긴 동네들이죠? 동네가 마치 리본처럼 생겼어요. 의자나 낫, 화살표, 하트 같은 모양의 동네도 있네요.

여러분이 살고 있는 동네는 지금까지 보아 온 동네보다 훨씬 더 재미있게 생긴 동네일지도 몰라요. 그러니 눈을 크게 뜨고 살펴보세요. 어때요? 우리 동네가 어떻게 생겼는지 구경하는 일이 이렇게 즐겁고 재미있을 줄 몰랐죠?

자, 이번에는 여러분이 깜짝 놀랄 만큼 정말 신기하게 생긴 동네들을 보여 줄게요. 옆 페이지를 보세요.

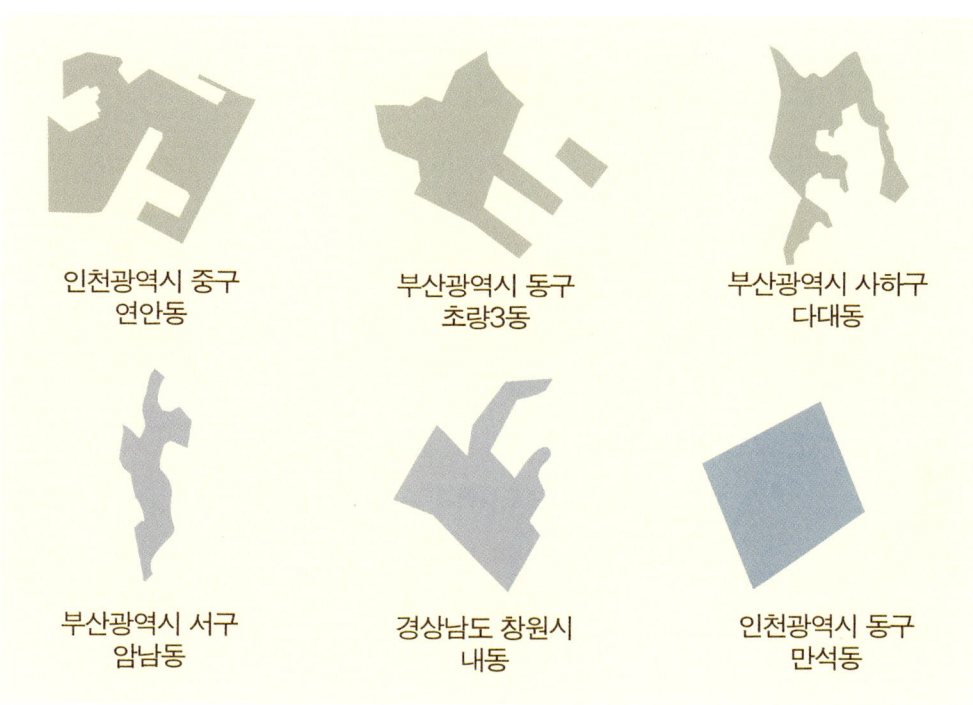

와! 정말 신기하게 생긴 동네들이죠?

지금까지 우리는 신기하고 재미있는 모양의 동네들을 쭉 구경해 보았어요. 앞에서 살펴본 대로, 사람들이 살고 있는 동네는 참 다양한 모양을 하고 있어요. 아마 이 세상에서 똑같이 생긴 동네는 단 하나도 없을 거예요.

이렇게 다양한 모양을 한 동네를 여러분이 직접 기호로 그리고 색을 입혀 그림지도를 완성해 보세요. 그럼 틀림없이 '세상에 오직 하나뿐인 나만의 그림지도'가 태어날 거예요!

어때요? 실제로 보아도 예쁘고 지도로 보아도 너무나 멋진 우리 동네, 세상에 하나뿐인 우리 동네를 항상 아끼고 사랑하세요.

그림지도와 한판 놀아보자

그림지도와 즐겁고 신나는 놀이 한판을 벌일 '헤롱헤롱 놀이판'에 오신 것을 환영합니다.

첫 번째 헤롱헤롱 놀이는 '무엇이 무엇이 다를까요?'입니다.

아래에 있는 그림지도 두 개가 보이죠? 헤롱헤롱 헷갈린다고요? 어떤 친구들은 두 그림지도가 똑같아 보인다고도 할 거예요.

하지만 두 개의 그림지도를 자세히 들여다보면, 자리(위치)가 바뀐 건물이 네 개나 있어요.

그럼 지금부터 어떤 건물의 자리(위치)가 바뀌었는지 찾아볼까요?

와, 참 대단하군요!

금방 다섯 군데를 찾았네요. 그럼 또 다른 헤롱헤롱 놀이를 해 볼까요?

이번에도 아래에 있는 그림지도 두 개를 보세요. 이번 역시 두 그림지도가 똑같아 보이지요?

하지만 오른쪽 그림지도를 가만히 들여다 보세요. 왼쪽 지도에는 없는 기호를 다섯 개나 더 그려 놓았답니다. 그러니까 왼쪽 그림지도에는 없는 기호 네 개를 찾아내야만 해요.

오른쪽 지도에는 있는데, 왼쪽 지도에는 없는 네 개의 기호는 과연 어떤 것일까요?

　벌써 다 찾았어요? 좋아요. 이번에는 더 헷갈리는 그림지도를 준비했어요. 어때요? 눈이 뱅글뱅글 돌아가죠? 먼저 왼쪽과 오른쪽의 그림지도를 자세히 살펴보세요.

　오른쪽 그림지도에는 왼쪽 그림지도와 색깔이 다른 곳이 다섯 군데나 있어요. 그 다섯 군데가 어디인지, 지금부터 찾아보는 거예요. 정말 헷갈린다고요? 약간 까다롭기는 하지만, 그래도 재미있는 게임이죠?

　이 문제의 답을 혼자 힘으로 다 맞힌 학생이라면 그림지도와 굉장히 친한 친구일 거예요.

　여러분도 그림지도랑 친해지도록 노력해 보세요. 그림지도와 친구가 되면 세상의 모든 것이 더 잘 보이고 더 아름다워 보일 테니까요.

부록:그림지도와 한판 놀아보자

| 마 | 무 | 리 | 하 | 며 |

멋진 그림지도가 완성된 걸 축하해요.

"내가 이렇게 멋진 지도를 그리다니, 정말 놀랍다."

여기저기서 어린이 여러분이 즐거워하는 소리가 들리는 것 같아요. 그래요. 그림지도든 일반 지도든 지도를 만드는 것은 어렵지만 즐거운 일이에요. 넓디넓은 공간을 머릿속에 정리하는 일도 어렵고, 정리된 공간을 기호와 색깔로 표현하는 일도 힘든 일이죠. 하지만 완성했을 때의 기쁨은 무엇과도 바꿀 수 없어요.

이렇게 공간을 지도로 정리해 보는 것은 큰 의미가 있답니다. 방향을 정하고, 적당한 크기로 공간을 축소하고, 또 적절한 표현 방법을 생각해 각종 지형이나 사물을 표현하는 것은 굉장히 높은 수준의 생각하는 힘이 필요하거든요.

그림지도를 통해 여러분은 기초적인 지도에 대해 이해하게 되었습니다. 이 힘을 가지고 4학년에서는 일상 생활에서 일반적으로 사용되는 지도를 배우게 될 거예요.

하지만 걱정 마세요.

그림지도를 제대로 이해한 학생이라면 일반 지도와도 쉽게 친구가 될 수 있을테니까요. 이 책을 읽고도 좀 어렵다고 생각하는 어린이들을 위해 제가 좋은 방법을 알려드릴게요. 이 방법은 모든 어린이들이 앞으로 사회 공부를 하는 데 많은 도움이 될테니 모두모두 귀 귀울여 주세요.

이제 엄마랑, 아빠랑 여행을 가거나 낯선 곳을 갈 때 그저 경치만 구경하지 마세요. 여행지가 혹은 낯선 곳이 우리 집을 기준으로 남쪽에 있는지, 동쪽에 있는지 생각해 보세요. 또 중간중간에 특징적인 자연 환경이 있었는지, 사람들은 어떤 일을 주로 하며 살아가는지를 생각해 보는 거예요.

그러면 여러분의 머릿속에서는 공간과 공간이 이어져 하나의 커다란 지도가 그려질 거예요. 아마 그 지도는 단순한 지도가 아니라 사람들이 살아가는 모습까지 그려진 움직이는 멋진 지도일테죠. 그 지도가 완성되는 날까지 열심히 관찰하고 또 생각해 보세요. 그럼, 어린이 여러분 안녕!

72쪽
바뀐 위치 찾기

73쪽
새로 생긴 기호찾기

74쪽
색깔 바뀐 기호 찾기

* 자료 및 장소 제공

6쪽 오스트레일리아 지도	오스트레일리아 관광청 제공
15,16,17쪽 설악산 사진	지완구 선생님 제공
33쪽 장난감 가게	(주)아이큐이큐코리아 본점 www.kids.co.kr
33쪽 아이스크림 가게	(주)한국하겐다즈 센트럴 시티점

이 책을 쓸 수 있게 집필의 기회를 주신 인하대학교 박선미 교수님께 감사를 드립니다. 아울러, 책이라는 것을 처음 쓰는 저에게 처음부터 끝까지 자상하게 안내하고 가르쳐 주신 디딤돌 최인수 선생님께도 감사의 말씀을 듬뿍 전합니다. 그리고 이 책에 담겨 있는 그림지도와 관련된 많은 그림들을 직접 그려 준 홍익대학교 부속초등학교 김수민 어린이에게도 고마움을 전합니다. 끝으로, 저에게 항상 끊임없이 학문적, 정신적 조언과 밑거름을 제공해 주시는 서울대학교 류재명 교수님과 대구교대 송언근 교수님께 고개 숙여 감사드립니다.